AF307545

Gino Leineweber

Traduzione dall'inglese a cura di
Claudia Piccinno

È TUTTO VERO
EVERYTHING IS TRUE

Poesie / Poems
2019 –2022

IL CUSCINO DI STELLE
VERLAG EXPEDITIONEN

© Verlag Expeditionen GmbH 2023
In cooperation with / in cooperazione con
Edizioni Associazione Culturale
"Il cuscino di stelle"

Gino Leineweber
Everything is true / È tutto vero
Poems / Poesie 2019–2022

Translation from English
Traduzione dall'inglese a cura di
Claudia Piccinno

English copy editor
Barry Stevenson, UK

Cover / In copertina
© Amy Art-Dreams da Pixabay
Printed in Germany
ISBN 978-3-947911-85-1

Indice

Gino Leineweber

Traduzione dall'inglese a cura di
Claudia Piccinno

È TUTTO VERO

Poesie
2019 –2022

COCCODRILLO

Non sono un coccodrillo.
Sono un essere umano.

Ma io non sono un essere umano
perché non sono un coccodrillo

proprio come un coccodrillo
non è un coccodrillo

perché non è umano
anche se è certo che

se fosse un uomo non potrebbe essere un
    coccodrillo.

In una certa misura, come possiamo vedere
    il nostro mondo è piuttosto complesso.

In un altro, però: le cose futili sono più
    semplici.

Lì non sono un coccodrillo ma nemmeno il
    coccodrillo lo è.

CICALE*

I primi giorni caldi di maggio.
Milioni e milioni di cicale
emergono dal suolo
dove hanno vissuto per diciassette anni.
Ora è il momento di arrampicarsi sugli alberi.

Quando sono abbastanza in alto
su un ramo adatto
le femmine si mettono comode
per godere della vista spettacolare
mentre i maschi
sono ancora avvinghiati al tronco
cercando disperatamente di riprendere fiato.

Così questa cicala maschio si è
fermata per questa femmina che
era sopra di lui su un ramo e si
guardava intorno.

* Ogni 17 anni, la cicala Brood X emerge dal terreno. Gli
insetti si liberano del loro esoscheletro sugli alberi. Sono
endemiche in aree degli Stati Uniti orientali, soprattutto in
Virginia e a Washington DC.

Lui, invece di rilassarsi
dopo la faticosa salita,
inizia a cantare a squarciagola.
Solo per impressionarla
per un appuntamento con la dissolutezza.

La femmina, dopo un po',
Annoiatasi
Pensa:
per la miseria...
diamo il premio al cantante.

Ahimè, doveva morire
dopo aver ottenuto ciò che voleva,
Lei non può essere incolpata,
anche se poco ne sapeva.
È solo un gioco da ragazzi.

DISTRUTTORE DI FOGLIE

Ho l'impressione
che noi, gli esseri umani, siamo
gli esseri più intelligenti
al mondo.
Ma non pretendo che
siamo gli unici
dotati d' intelligenza.
Non sto solo pensando
ai delfini, ai corvi o ai topi
né al cane del mio vicino.

Chi sostiene che lui, il cane,
sia l'animale più intelligente che
gli è mai capitato di incontrare
e dimostra che
quando va in cucina o in bagno,
o altrove nella sua casa,
il cane non alza una gamba
o addirittura non batte ciglio.
Ma quando lui, il vicino,
intende uscire,
il cane corre alla porta
anche quando il vicino non
si è completamente alzato
dal divano,
il cane sta già correndo verso la porta.

Ma non mi riferisco al cane.
Intendo un piccolo verme
che depone le sue uova
su una foglia
nonostante
non abbia le dita
per piegarla
si ingegna
per preparare la foglia
in modo che possa usarla.
Taglia cinque foglie da un ramo
quindi con un piccolo filo
che avvolge sulle foglie sciolte
le incolla di nuovo.
Un verme può fare queste cose.
Certo, le foglie si seccano e si arricciano.
Questo è ciò che il verme si aspettava.
Depone il suo uovo
in uno degli appartamenti preparati per i vermi
solo in uno a causa degli uccelli.
Gli uccelli sono curiosi e si chiedono
cosa possa esserci nelle foglie marce.
Atterrano sul ramo
lo controllano e quando è vuoto
non si preoccupano degli altri quattro

….

e volano via.

FEBBRAIO

Febbraio è sempre sottovalutato
non come novembre
che fa un'impressione piuttosto cupa.
Immaginiamoci dicembre
con tutti quei gioiosi decori natalizi.

Gennaio non piace a nessuno.
Invece che sollievo quando finalmente è finito
Viene sempre prorogato entro febbraio
non entro una settimana o due settimane – no.
Quattro settimane di straordinario.

Tuttavia, febbraio è
il mese più decente.
La sua luce dà speranza alla terra
e mentre le ombre sono più corte
ogni giorno si allunga.

Senza febbraio cos'altro
potrebbe nascondere la primavera
o quali segreti
potrebbe innescare una calda attesa
per un meraviglioso anno a venire.

Per apprezzare il tesoro
prova a dare un'occhiata dietro la tenda
Invece, camminiamo solo guardando in basso
Afferrando tremuli piagnistei
Freddi - nevosi – umidi.

CONCERTO D'ERBA

Imparare il linguaggio
ascoltando l'erba che cresce

mi sono chiesto:
    –   quanto è ridicolo?

Non riesco a sentire l'erba crescere.
Sono sicuro che nessuno può
finché non ho letto un'opinione sorprendente
di chi sostiene che alcuni animali possono.

Ok, la domanda è
Come fanno?

Questi animali lo hanno detto?
Se sì – Quali?

ZOMBIE

Uno zombi è un piccolo fiore giallo
Secondo una battuta del film greco Dogtooth

In realtà non è vero
Ma cos'è uno zombi?

Non venire a dirmi:
        –   Guarda l'enciclopedia

È piena di notizie false
o fatti alternativi.

Lo intuisco.

La mia prima idea
in base alla pronuncia della parola
è una specie di essere.

Non è né un fiore
né un animale
anche se potrebbe
sembrare
una iena ubriaca

RODI

I rosei ciottoli di Rodi sul Mar Egeo
attirano la mia attenzione
nella mia nuotata mattutina
e anche se adoro questi cari ciottoli
sembra che non mi lasceranno
entrare facilmente in acqua.

Quando un tramonto stanco
avvolge il cielo e le nuvole
con colori che non sapevo
nemmeno che esistessero
le taverne accendono le loro luci
e compiono il destino dell'isola
donandomi una vivace serata
tra discorsi, gustosi vini e cibi locali.

Con diverse influenze estere dall'inizio
    dei tempi
l'aspro paesaggio dell'isola
ricoperto di incantevoli pini e cipressi
con vigneti e ulivi secolari
conferma la promessa
l'incanto speciale di "amore a prima vista"

Prendo il caffè nel pomeriggio rimirando
    muri
ricoperti da boccioli di bouganville lilla.
Capisco la mia pace interiore
e il modo in cui l'isola
lo traduce
sempre evocando un magico sorriso sul
    mioviso.

FUNERALE

Assicurati che io venga seppellito
in un giorno come questo

quando il sole
ha bisogno di tempo
per sorgere

quasi stanco
d'albeggiare

ma desideroso di
asciugare
le lacrime della notte

bramoso di abbracciare
il giorno felice.

Baci
come lucidalabbra
le foglie colorate

quelle che
il vento farà
volare.

Assicurati che io venga seppellito
in un giorno come questo.

LEI

Solo il suo mondo la incanta.
Non si accorge di nulla intorno a lei.
Si diverte e basta.

Ma sono direttamente sotto il suo incantesimo.

All'improvviso
prende un acino d'uva e mi guarda.
I suoi occhi due fiori nella serenità eterna.

Per un po' non riesco a respirare.

Il suo aspetto non provoca alcun riflesso
da parte sua.
Non sa nemmeno dove si trova
in questo momento
figuriamoci se nota
chi diavolo potrebbe essere
colui che la guarda:
me

che mi son perso in lei per sempre.

SOFFERENZA

Non la sopporta più.
Trent'anni e poco più.

Lui non la biasima se le sue rughe
le fanno arcigno il volto,
mentre il suo viso
la fa sembrare divertente e comprensiva.

La incolpa per la sua allegria,
che sa perfettamente
ingannevole – non è affatto nel suo carattere.

Sa che sta solo fingendo.
Solo per il gusto di
farlo soffrire!

COLETTE

Colette vive a Parigi.
Lotta per ciò che le è stato sottratto
dal suo primo marito:
il nome sui libri che ha scritto.
Bacia Missy
offre al mondo un palcoscenico per la verità e
vive come una vagabonda.

Colette ama Missy.
Vive con mendicanti e ubriaconi.
È amica di giornalisti e scrittori,
l'amante dei De Jouvenel –
prima del padre poi del figlio.
Affronta la società
con l'aria interrogativa di una donna saggia.

Colette scrive romanzi
diventa famosa con
Chérie e Awakening Hearts.
Scrive d'amore e narra tabù
a dispetto del suo tempo.
Una donna che è ciò che pensa di essere.

NON HO FATTO NIENTE

Da un giorno all'altro
ho perso un caro amico
con cui
ero socio in affari.

Non seppi perché.
Anni e anni dopo
ho avuto modo di sapere.
Ma solo da terzi.

Questo amico aveva
una bella fidanzata
il che non è male da un lato
a meno che tu non sia un tipo geloso.

Discutevano sempre tutta la notte.
Una volta lei finalmente pianse:
SÌ! L'ho scopato e quando posso
lo farò ancora e ancora.

Tuttavia, non era vero
Ma il mio amico aveva questa oscura fama
Non poteva comunque soffrire per l'innocenza
… Non siamo tutti peccatori alla nascita?

UN' ARTISTA

Avvolge
   pizzica
      maneggia
         spende troppo

Si era definita un'artista,
ha lavorato con i corpi come fossero una tela.

Quell'arte di fare l'amore potrebbe richiedere
settimane,
mesi, anni o solo una piccola ora.

Quando la sua creazione fu completa,
dopo aver catturato
ogni granello, ogni boccone di una figura,
quando non c'era più niente da fare,
avrebbe cercato un'altra tela
un altro corpo maschile o femminile.

In una certa misura, però,
era un'arte nascosta perché
le persone intorno non se ne accorgevano.

Forse non puoi chiamarla artista vero?
Comunque, smise.

TI AMO COSÌ COME SEI

Amo il modo in cui
ti prendi cura di me.
Amo il modo in cui
mi sorridi.

Adoro
quando mi svegli
anche senza pensare
e quando facciamo l'amore
respiri gemi sospiri.

Tuttavia,
quello che odio davvero è
che non ho idea di
chi sei, per carità?

LO SAPEVO

Me lo stava dicendo
non sono la ragazza
che pensavi che lo fossi.

Ero la ragazza
che pensavo di essere.
Non ero né l'una né l'altra

e lui il ragazzo pensava
che nemmeno lui era
il mio ragazzo.

L'ho lasciato
e fui la ragazza che
ho sempre saputo di essere.

È MEGLIO

Lei non sa
nulla
sotto la luna.

Lui torna a casa.
Il riposo
è il sonno.

IL SONNO

Ascolto la musica del vento della sera
non vedo l'ora di ricevere
i baci della notte dalla sua bocca criptica
che ti tiene in sospeso con la sua mano nascosta

Al momento di andare a letto
come un bambino
che coraggiosamente lo attende
come dono tangibile.

Son solito vibrare
nello sguardo di mezzanotte
che allevia il dolore
e ripara il mio cuore spezzato.

Carezze del sonno
giocano con la tua riluttanza
e ti regalano
un sereno risveglio.

DISSOLUTEZZA

Ha ordinato gli spaghetti come tutti gli altri.
Niente di speciale fin qui
ma è carina e vivace.

A volte chinava la testa
sul piatto, sulle tagliatelle
come un predatore
o teneva la forchetta in aria
facendo roteare gli spaghetti.
Mastica il boccone che ha creato
poi guarda sospettosa
come se nel piatto
si fosse persa qualcosa.
Con voce melliflua
parla con i suoi amici
gesticolando con la mano libera
rivelando il suo fascino.

Ho già detto che i denti
mi piacciono così tanto nelle ragazze?
Si chiama sovramorso.

Mi aspetto sempre che
uno di questi
giorni con
una presa
mi divorerà.

GESÙ CRISTO

Non credo nell'evoluzione.
Iniziare con una presunta unione felice
poi la scomoda separazione
senza un accenno di colpa.

Non sembra affatto plausibile.
Così come l'audace affermazione
che i nostri predecessori
nuotavano nel mare.

Se ciò fosse vero
la domanda è per quale ragione
risparmiamo tutti soldi durante l'anno
per trascorrere le nostre vacanze al mare?

Avremmo dovuto evolverci
dopo scimmie e gorilla e
e mi chiedo perché nel nome di "Gesù Cristo".
ci comportiamo ancora come loro?

LA PERDITA DELL'INNOCENZA

Perdere l'innocenza
non significa
diventare colpevole.

L'innocenza non è altro
che inconsapevolezza
– Come uno stato d'animo.

Quando viene meno questa condizione
non si potrà tornare indietro.

Alcuni stati fisici
agiscono allo stesso modo.

Come la verginità
che se non è persa
in modo legittimo
comporta la vergogna
a livello religioso.

Indica, legittima o meno,
una condizione materiale.

La buona notizia è che
non esiste innocenza.
Così come non c'è colpa
in tribunale.

– C'è solo un tipo di responsabilità
Quando la conoscenza è chiamata colpa
la controparte necessaria
è l'innocenza.

– Quindi, non è altro che ignoranza.
Poiché è la controparte della conoscenza

la perdita dell'innocenza
non significa altro che
non si è più idioti.

METAMORFOSI DEL CERVO

Omaggio a Ovidio

La migliore protezione
    disarmata
contro un aggressore
    familiare
è urlare sulla difensiva:
    –Sono io, sono io–
    –Non sparare–

O alzate le braccia in modo
    protettivo
davanti a voi
con i palmi rivolti
verso l'aggressore
o le alzate entrambi.

Ahimè, se sei un cervo
nessuna di queste
è un'opzione.

TEMPERATURA

Calda come
lo sono l'inferno e la rabbia.

Calda come
la fortuna e la felicità

Bella come
amore e compassione

Mite come
il cielo e l'uguaglianza.

IL LUPO SOLITARIO

Sono sempre stato
il lupo solitario che sono

Ho vissuto come ho voluto.
Alcune cose sono andate male,
altre stupidamente.
Tuttavia, della maggior parte
me ne compiaccio.
Del successo, ovviamente.
Più o meno - a volte è successo
di chiedermi cosa la mia vita
sarebbe stata senza.
Molto probabilmente
mi sarei depresso.

Oppure no: non ti manca ciò che non conosci

Comunque, sarei stato sempre io.
Se questo può cambiare,
diciamo che non lo farei più.
Essere in grado di vivere la mia vita in quel modo
potrebbe dipendere da altre persone.
Allora saprei per certo che

non vorrei più vivere.
L'unico modo per chiamare la mia vita
è viverla nel modo in cui voglio.

Tuttavia,
non c'è la mia vita.
Non c'è né io né me
solo l'illusione di un sé
ecco di cosa stavo parlando.

Il concetto-io della mente
È un'entità... il corpo che guardo.
Ma quando non ho fatto tutto quello che volevo
Allora, chi ero?
E cosa sto facendo in questo momento?

Non lo so.

Come immaginare l'inizio
l'inimmaginabile energia del movimento.
Chiamalo come vuoi
vale a dire la forza che era necessaria.

La vita era sempre nella mia mente,
la voglia di vivere – di muoversi
significa che il concetto dell'io richiede azione.

Mi ha reso una persona degna di essere
riconosciuto per
le mie azioni, la mia educazione, il mio amore,
le mie avversioni, il mio temperamento – dargli
un nome

Ma ero determinato a seguire la volontà
E l'ho fatto. E lo farò, che lo voglia o no.

MOVIMENTO

Il movimento è vita
la vita è movimento.

Se nasci
corridore
allora devi correre.

Se come camminatore
devi camminare.

Se nasci sedentario
devi sederti.

Nessun movimento.

TEMPO

Al tempo non importa
ma non è facile trovarlo
dal momento che ci siamo così abituati.

Al tempo non importa.
Cosa facciamo
o dove viviamo
chi amiamo
o per chi lottiamo.

Non gli importa nemmeno
se siamo vivi.

Perché diamine
allora noi ce ne
occupiamo?

PRIMA NAZIONE

Le prime persone
spontaneamente
create dal soffio divino
fatte di carne e sangue e uno spirito
invece di roccia, o fuoco, o acqua, o vento
la prima nazione, furono gli Anishinabek[*]

Tutta la flora e la fauna che li circonda
parte della natura come loro
custoditi dalle aquile
che non sono solo uccelli
ma messaggeri celesti
tra il Creatore e l'Anishinabek.

Le profezie indicavano gli invasori europei
essi vennero,
le aquile se ne andarono,
la prima nazione fu distrutta
ma l'ultima e settima profezia dice che
risorgerà:
quando le aquile calve torneranno
torneranno anche gli Anishinabek.[1]

[*] Anishinabek sono un gruppo di popolazioni indigene culturalmente affini presenti nella regione dei Grandi Laghi in Canada e negli Stati Uniti.

COSA SUCCEDE SE

Le persone sono persone piuttosto strane.
Non tutti; ciò nonostante,
potrei evidenziare molte cose sulla
   maggior parte.
Amano infastidire.

Eppure ciò li colpisce in entrambi i casi.
All'inizio, potrebbe non essere sufficiente
infastidire gli altri.
In secondo luogo, non vedono l'effetto
   su sé stessi
nemmeno se ne rendono conto.

Perché lo fanno?
Non può essere solo per ego
dal momento che alcuni
lo fanno in modo anonimo.

Anna, che mi guarda alle spalle
alla domanda sul foglio,
stranamente
dice: è evasione.

All'inizio mi chiedo se lei
conosca il significato della parola.

E in secondo luogo, mi chiedo
e se Lei avesse ragione?

È ARTE

Aristotele Buddha Muhammad Gesù Lao Tse e
i grandi maestri del mondo erano creatori
non hanno detto la verità
non avevano nemmeno intenzione di farlo.
La verità, non si può spiegare con le parole.

Quindi i loro discorsi erano
racconti e poesie
piene di metafore.
Anche se sono penetrati nelle nostre menti
i maestri hanno parlato al nostro spirito.

Persone che hanno l'impressione
di aver sentito la verità sulla realtà
sono involontariamente fuorviati dai testi
poiché non sono altro che arte.

L'arte non è sempre realistica.

SCHIAVI

Siamo tutti nati in schiavitù.
Non più
nel senso
tradizionalmente inteso

Comunque, immaginati questo:
forse che tutto quello che fai
non lo fai pressato da terzi?

L'istruzione serve a prepararti.
Quindi lavori e agisci
per gli altri

Anche se dicono che
lo fai per soldi

Ma cosa succede se
non hai bisogno di soldi?

PIANETA TERRA

Nell'universo, là
un pianeta irradiato di calore
oscillava intorno a un globo.

Immaginalo con acqua, terra e fuoco.

Un marmo blu con oceani e continenti
con un raggio di migliaia di miglia
pieno di vita e destino

Immaginalo come un vivace labirinto

Tutto quello che devi fare è attraversarlo
perché alla fine di questo vortice
c'è un premio

Se riesci a vedere il pianeta
C'è acqua e terra e fuoco
… Ciò è molto positivo

Tuttavia,
… il pianeta non esiste.

L'hai creato nella tua mente.

Non c'è acqua, né terra, né fuoco
ma l'idea di esso domina
ogni tuo momento di vita.
Alla fine, sarai consapevole che
era solo un segmento dell'immaginazione

Comunque,
non hai avuto possibilità di scappare
dal momento che il pianeta è un labirinto.

COSA MI SUCCEDERÀ?

Tutto ciò che è –
esiste a prescindere da me

Tutto ciò che accade –
avviene senza di me

Tutto ciò ch'è osservato –
è visto senza di me

perché io non ci sono.

LIMBO

Si è svegliato
doveva fare pipì
il letto è crollato

più tardi quella notte
è successo di nuovo
il letto è crollato

sogno e realtà sembrano
spaventosi senza
il collasso

Si sveglia di nuovo
che sia reale o no
il letto crolla.

ESSI

Cavalcano, cavalcano, cavalcano
al sole, al sole, al sole

correte correte correte
dal sole, dal sole, dal sole

fa troppo caldo!

non lo sapeva al principio?
Lo sapeva!

lo ha fatto comunque?
Proprio così!

Perché?
Da quando loro glielo hanno detto

Essi?
Sì loro.

SULLA GRAZIA

La mia arma preferita
è la mia grazia
Ho una definizione
della grazia
diversa dal pensare che sia
la mia pettinatura?

Tutti sono seduti intorno al tavolo
Bevono vino da bicchieri di cristallo
Accendono più candele del necessario
si disturbano a vicenda con le chiacchiere
Prestano ascolto alle chiacchere,
Eppure, non sentono niente

Sì, lo so, mi rispondo:
La mia grazia viene da dentro
Come il mio potere
Come tutto

Tuttavia,
Sono solo
Che importa?

DISCRIMINAZIONE

La discriminazione non è bella.
Ma se lo fanno tutti
almeno di tanto in tanto
ci potrebbe essere un mercato
per la creazione di una banca dati
e farne commercio.

Ce l'abbiamo con lo scambio di emissioni.
Che non sono neanche più carine
Potrei – diciamo – una vecchia parola con
     la N
che è in giro da anni
e non voglio più usarla o
inserirla in questo database

Se c'è qualcuno
che ha davvero bisogno di discriminare
lui o lei potrebbe avere un disperato bisogno
di avere la mia vecchia parola N.
Potrebbe quindi essere tolto dal mio account
e trasferito al suo

I vantaggi sarebbero evidenti.
Mi sbarazzerei della mia parola discriminante
non dovrei più castigarmi.
Anche il nuovo destinatario non ha bisogno
    di punirmi
Non è di un lui o di una lei, è mia
Ma nessuno lo sa.

INTERMEDIARIO

Immagina

Due ciclisti
che pedalano da nord e da sud
l'uno verso l'altro su un sentiero

Il nordico è un intermediario di nascita
non cederà affatto.
Nel suo mondo l'altro deve farlo.

Ma è anche lui un intermediario
… Bum!

QUELLO CHE VOGLIO

Voglio
essere bello
come il sole
e brillare ogni giorno.

Voglio
essere come il suono
che sale come un sussurro
tra te e me

Voglio un potere superiore
che ci salvi
per l'eternità.

PER CHI SUONA LA CAMPANA

Tutto quello che vedo è niente
allora?

Non lo so davvero
quello che sto cercando.

Un giorno
potrei

comunque, in primavera
non aspettare mai l'autunno

In estate
non cerco mai l'inverno.

Potrebbe non arrivare mai.

Avrei dovuto sentire il suono della campana.

POESIA SOPRAVVISSUTA
ALL'ISOLAMENTO

A Lutz

Camminavo
intorno alla casa
e pensavo.
Pensavo a
che cosa?

Non lo so.

Quando pensi,
non sei solito pensare
a cosa pensi

Più tardi, quando pensi
ripensi
a cosa stavi pensando.

È proprio così:

I pensieri non arrivano
e si presentano.
Devi capirlo.
Prefigurare
– che cosa?

LA PAURA NON È PREVISTA

Chi lascia il proprio paese
per una vita migliore
per sfuggire alla violenza e alla guerra
non arriva da immigrato.

Ma come rifugiato
o come operaio in cerca di soldi
non per sé stesso
quanto per la famiglia in patria.

Per lo più non ha scelto questo.
Non pensa alle conseguenze dell'ingresso
in un'altra terra e cultura
ma a eludere la sofferenza a casa.

L'impulso a lottare per il meglio
per sé e per i figli
è evidente in ogni vita
non solo negli esseri umani.

Nella vita delle persone è evidente anche la
    paura
paura di partire
paura di una situazione nuova e sconosciuta
paura di un ambiente ignoto

Solo se questa paura
è inferiore all'ansia
legata alla situazione attuale
gli esseri umani sono pronti a muoversi.

Tutti scappano
dalla madrepatria
o sperano in una vita migliore
oppure, disperati, vogliono sfuggire alla
    violenza.

Incontrano società
travolte anch'esse dalla paura
persone che immaginano di perdere la
    vita e le
tradizioni che desiderano preservare

I rifugiati non intendono distruggere nazioni
    o società
quello che non si aspettano è l'altrui paura
quello che si aspettano è la compassione
quello che si aspettano è di poter entrare.

PADRE (1)

Padre mio, padre mio
te ne sei andato per l'eternità.

Ma non avresti dovuto farlo
come non avresti dovuto fare neanche ciò
che hai fatto per il bene di tuo figlio

Quando me ne sono andato adolescente
cercavo di trovare me stesso.

Tuttavia, quello che ho trovato
guardandomi
eri tu - sempre tu.

PADRE (2)

È la verità.
La morte di un padre
è l'incidente più cruciale
nella vita di un uomo.

È anche vero che
non lo sai
finché non si verifica.

Il lutto che ora ti sta
abbracciando e ti stringe
al posto di tuo padre
rimarrà per tutta la vita.

Fortunato chi
ha avuto qualcuno d'amare

perché quella sensazione
non morirà.

RIFUGIATI

Un numero enorme di persone,
affamate e ai margini della società
sono state attratte da un altro mondo

Con grandi speranze di felicità e beatitudine
vanno verso la terra promessa del denaro e
    della fortuna,
non importa come arrivarci.

Le masse erano difficili da controllare.

Centinaia di migliaia si spostavano
dai villaggi e dalle città
di tutta Europa un tempo
verso il Nuovo Mondo.

VACANZE

Non ho vent'anni
non ho un bel corpo.

Tuttavia,
sono in vacanza.

EPILOGO

Riflessioni su *È tutto vero*
di Uwe Friesel

Dopo aver letto le poesie del mio amico e collega Gino Leineweber, devo ammettere che non lo conosco davvero. O – più precisamente – ho trovato piuttosto difficile entrare nel mondo poetico, che si dispiega nel volume È tutto vero.

La mia esitazione ha a che fare con il buddismo e la nozione di futuro. Essendo assolutamente contrario a qualsiasi forma di religione (Leineweber sostiene che il buddismo è una filosofia) non tendo né all'eternità cristiana né al nirvana del buddismo, del sufismo o di altri -ismi. Lo stesso dicasi per il capitalismo e il comunismo, che oggi sono trattati come religioni dai loro ardenti seguaci.

Preferisco l'umanesimo.

Pertanto, sono rimasto sbalordito nel rendermi conto che la parola chiave dell'intero libro è compassione, specialmente nelle due poesie Rifugiati e La paura non è prevista. La poesia Rifugiati, ovviamente, evoca immagini televisive di persone che cercano di sfuggire all'oscurità e all'assenza di futuro dell'Africa, Afghanistan, Iran e, ahimè, dell'Ucraina. Ma quando il testo è quasi giunto alla fine, Gino ci ricorda che gli Europei, sono coloro che una volta fuggirono dalla loro miseria in Europa nel Nuovo Mondo. Un nuovo mondo, badate bene: creato da fuggitivi e profughi, che avevano attraversato l'oceano a causa della totale disperazione nel Vecchio Mondo.

E poi, dopo quel sorprendente promemoria, segue un'altra poesia attuale e commovente, intitolata La paura non è prevista. È vero: appaiono sulle nostre coste nudi e poveri, quei profughi, proprio come quelli che una volta erano arrivati sulle coste dell'America. Ma ora, non sono i soldi che si aspettano, dice Gino. Quello che si aspettano è la compassione invece del rifiuto.

Compassione – per cosa? I cristiani potrebbero dire: per l'intera creazione di Dio. Gino buddista dice: per tutti gli esseri sulla terra. In breve: compassione per la vita.

Si chiede: a che scopo? Chi sono io stesso? Che cos'è l'amore? Sappiamo chi amiamo? Non siamo solo un'illusione di noi stessi, come l'ombra sul muro della caverna di Platone? Domande che potrebbero riempire un'intera vita di meditazione, ne sono sicuro.

Oppure prendi l'eterno enigma: "Gli uomini possono capire le donne?" A prima vista, sembra essere la retorica superficiale della prepotenza di genere. Ma perché un solo sguardo negli occhi di una donna fa rabbrividire un uomo (un poeta) per tutta la vita, mentre lei mangia l'uva in tutta

innocenza, con lui che la guarda senza fiato per tutto il tempo? Alla fine, sembra che la vita non abbia né entrata né uscita. Il tempo fuoriesce. Il pianeta terra blu è una mera invenzione del nostro cervello perché tutto è immaginato, tranne la serenità, la calma assoluta. Il Nirvana.
Essendo io stesso un agnostico, cerco di immaginare il Nirvana. Ma non posso. Non ho idea, nemmeno una metafora del grande vuoto. Ma poi, leggendo Gino Leineweber, almeno mi faccio un'idea di quello che sta cercando.

Gino Leineweber

Everything is True

Poems 2019 – 2022

Table of Contents

CROCODILE

I am not a crocodile
I am a human being
But I am not a human being
Because I am not a crocodile
Just like a crocodile
Is not a crocodile
Because it is not human
Though it is certain
If it were a man
It couldn't be a crocodile

To some extent, as we can see
our world is quite complex.

In another, though – the void
things are more straightforward.

There I am either not a crocodile
But neither is the crocodile.

CICADAS

[*]

The first warm days in May.
Millions and millions of cicadas
emerge from out of the soil
where they have lived for 17 years.
Now it's time for them to climb
    the trees.

When they are high enough to find
    a suitable branch
the females make themselves
comfortable to enjoy the
    spectacular view
while the males are still clinging
    to the tree trunk
trying desperately to catch
    their breath.

Like this one male cicada
that has stopped
for this female

[*]Every 17 years, Brood X cicada emerge from the ground.
The insects then shed their exoskeletons on trees. They are
endemic in areas throughout the eastern United States,
mainly in Virginia and Washington, DC.

that was sitting above him
on a branch
and was looking around.

He, instead of relaxing
after the exhausting climb,
starts singing his brains out.
Just to impress her
for a date with debauchery.

The female, after a while,
got a little bored
Thought:
what the fuck ... let's do it
give the singer his prize.

Alas, he was supposed to die
after he'd got what he wanted,
She can't be blamed,
although little did she know it.
It's just a boy thing

LEAF DESTROYER

I am under the impression
We, the human beings, are
The most intelligent beings
In the world
But I do no longer claim
We are the only ones
With intelligence at all
And I'm not only thinking
Of dolphins, crows, or rats
Nor about my neighbor's dog

Who claims that he, the dog,
Is the most intelligent animal
He has ever happened to meet
Which he proves with
When he goes to his kitchen, or bathroom,
Or elsewhere in his house,
The dog doesn't lift a leg
Or even blink
But when he, the neighbor,
intends to go out
The dog runs to the door
Even when he, the neighbor, hasn't
Lifted his body entirely
From the sofa he, the dog,
is already running to the door.

But I do not mean this dog
I mean a small worm
That lays its eggs
In a leaf
Even though
It has no fingers
To fold it
Instead, it tries hard
To prepare the leaf
So that it can use it
It cuts five leaves from a branch
Then with a small thread
That it spins onto the loose leaves
glues them back onto it
A worm can do such things
Of course, the leaves dry out and curl up.
This is what the worm expected.
It lays its egg
In one of the prepared worm flats
Only in one because of the birds
Birds are curious and wonder
What might be in the rotten leaves
Landing on the branch
They check it and when it's empty
do not bother about the other four
think "shit!" to themselves –

        and fly away

FEBRUARY

February is always underestimated
Not like November
Which makes quite a somber impression
Let alone December
With all that cheery Christmas stuff

January nobody really likes
Instead, what a relief when it's finally over
It is always extended by February
Not by a week or a fortnight – no
A bunch of four weeks overtime

However, February is
The most decent month
Its light gives hope to the earth
And while the shadows are shorter
Every day is getting longer

Without February what else
Could hide springtime
Or other secret stuff
That might trigger hot anticipation
For a wonderful year ahead

For us to appreciate the treasure
Try taking a glance behind the curtain
Instead, we walk only looking down
Griping shaking whining
Cold – snowy – wet

GRASS CONCERT

You know the idiom
Listening to the grass grow

I asked myself
How ridiculous is that?

I can't hear the grass grow.
I am also sure that no one can
Until I read an astonishing opinion
That says some animals could

Okay – the question is
How do they know?

Did these animals tell them?
If so – Which ones?

ZOMBIE

A zombie is a small yellow flower
After a line from the Greek movie *Dogtooth*

It is actually not true
But what's a zombie anyway?

Don't come to me with:
Look at the encyclopedia

It is full of fake news
Or alternative facts

I figure such things out
Rather by me myself

My first idea
Due to the word's diction
It's some kind of a being

It is neither a flower
Nor an animal
Although it could be one:

Imagine a drunken hyena

RHODES

Rosy Rhodian pebbles by the Aegean Sea
    look for attention
when I am going for my morning swim
and even as I adore these dear pebbles
it looks like they won't let me go into the
    water easily

When a tired evening sun wraps the sky
    and the clouds
with colors I haven't even known before
    they exist
the taverns turn on their lights and fulfill
    the island's lot
by providing a vivid night with talk with
    tasty local wine and food

With different influences from abroad from
    the earliest times until now
the island's rugged landscape covered with
    lovely pine and cypress
with vineyards and remarkable olive trees
    vindicates the promise
the special impression that gave me the
    feeling of 'love at first sight'

Having coffee in the afternoon in front
    of walls
that are hiding behind curls of lilac
    bougainvillea
I understand my inner mental condition
    and the way the island
always translates it by conjuring a
    magic smile on my face

FUNERAL

Make sure I will be buried
On a day like this

When the sun
Needs time
To arrive

Weary almost
From arising

But eager
To dry
The tears of the night

Ardent to embrace
The happy day

Kisses
With glossy lips
The colored leaves

Those
The wind will cause
The genes to fly

Make sure I will be buried
On a day like this

SHE

Her
world alone enchants her.
She doesn't notice anything around her.
Just enjoys herself.

But I am directly under her spell.

Suddenly
She takes a grape and looks at me
With eyes like two flowers in eternal serenity.

For a while I can't breathe.

Her look causes no reflection on her part
She isn't even aware of where she is at
    this moment
let alone a little consideration as to
    who the hell
it might be that surrounds her:
Me

Who has lost himself in her forever.

SUFFERING

He can't stand her anymore. Thirty years and
   a bit.

He doesn't blame her that his wrinkles make
   his face look sour,
while hers
make her look funny and sympathetic.

He blames her for her cheerfulness,
which he knows perfectly well
is deceptive – it is not in her character at all.

He knows she's just pretending.
Only for the single desire
to make him suffer!

COLETTE

Colette lives in Paris
Struggles for what has been stolen
By her first husband
The name on the books she wrote
She kisses Missy
Gives the world a stage for truth
Has to live as a vagabond

Colette loves Missy
Lives with beggars and drunkards
Is friends with journalists and writers
The lover of De Jouvenel –
First the father then later the son
She overtrumps society
With the questioning eye of a wise woman

Colette writes novels
Becomes famous with
Chérie and *Awakening Hearts*
Composing in it love troubles in purple
And narratives in taboo
In defiance of her time
A woman that is who she thinks she is

I HAVE DONE NOTHING

From one day to the next
I lost a close friend
With whom I also
Was in business

I didn't know why
Years and years later
I got to know
But only from a third party

This friend used to have
A beautiful girlfriend
Which isn't bad on one hand
Unless you are the jealous type

Arguments all night long
Once she finally cried:
Yes! I fucked him and when I can
will do it again and again

However, that was not true
But my friend had this obscure fame
He couldn't suffer for innocence anyway
… Aren't we all sinners by birth?
—

AN ARTIST

Enfold
    pinch
        handle
            overspend

She had called herself an artist,
worked with bodies as a canvas.

That love-making-art could take weeks,
months, years, or just a little hour.

When her creation was complete,
after capturing every speck,
every morsel of a figure,
when there was nothing left to do,
she would look for another canvas
another male or female body

To a specific extent, though,
it was a hidden art because
the people around didn't notice.

Maybe you can't call it art then,
    can you?
        Anyway,
           she quit.

I LOVE YOU AS YOU ARE

I love the way
You care for me
I love the way
You smile at me

I love it
When you wake me up
Even without thinking
And when we're making love
Breathing moaning sighing

However,
What I really hate is
That I don't have any clue
Who, for heaven's sake, are you?

I KNEW

He was telling me
I'm not the girl
he thought I was

I was the girl
of what I thought to be
I was neither

And he the guy
that is what he thought
he wasn't either

I cut him off
and was the girl
I always knew I was

IT'S BETTER

She doesn't know
Anything
Under the moon

He walks home
The rest
is sleep

SLEEP

Listen to the evening wind's music
looking forward to
the night's kisses from her cryptic mouth
that holds you with her hidden hand

On the way to bed
you are like a child
who bravely awaits it
as a tangible comfort

You are used to
sounds in the midnight gaze
which ease the pain
and mend your broken heart

Caresses of sleep
play with your unwillingness
and provide you
a serene awakening

DEBAUCHERY

She ordered spaghetti as everyone else
Nothing special to mention in that
But she is pretty and vivacious.

Sometimes she bowed her head
Onto the plate, downs the noodles
Like a predator
Or held her fork in the air
Twirled the Spaghetti around
Chews the morsel she has created
Then looking suspicious
As if on the plate
She could have missed something.
Besides, in a vibrant way
She talks to her friends
Pivoting her empty left hand
Revealing her points.

Did I mention she has these teeth
I like it so much in girls?
It's called an overbite.

I always expect
One of these
One day
One catch
Will devour me

JESUS H. CHRIST

I do not believe in evolution.
Starting as an assumable happy unit
finally doing the uncomfortable separation
without a hint of blame.

It does not seem plausible at all.
As well as the bold claim
everyone of our predecessors
was swimming in the sea

If that is true the question is
What is the reason
that we all save money over a year
to spend our holidays on beaches?

Furthermore, when we should have evolved
from monkeys and gorillas
why in 'Jesus H. Christ's' name
do we still act like them?

LOST INNOCENCE

The loss of innocence
Does not mean
Becoming guilty

Innocence is nothing other
Than not knowing
– Like a state of mind

When this condition is lost
It can never be replaced.

Some physical states
Are thought of in the same way.

Such as virginity
Which is not lost
In a rightful way
And therefore leads to shame
In a religious sense

It points, rightful or otherwise,
To a material condition.

It points, rightful or otherwise,
To a material condition.

The good news is
There is no innocence at all.

Just as there is no guilt

In a criminal sense (one might call it so)
– There is only a kind of responsibility

When knowledge is called guilt
The necessary counterpart
Is innocence

– Hence, nothing other than ignorance.
Since it is the counterpart to knowledge

The loss of innocence
Means nothing other than
One is no longer an idiot

STAG METAMORPHOSIS

Homage to Ovid

The best-unarmed protection
against a familiar aggressor
is yelling defensively:
It's me, it's me – Don't shoot

Or raising your arms protectively
In front of you
Hands with the palms
Toward the aggressor

Or both

Alas, If you're a stag
Neither of these
Is an option

TEMPERATURE

Hot like
Hell and wrath

Warm like
Luck and happiness

Cool like
Love and compassion

Calm like
Heaven and equanimity

THE LONE WOLF

It was always me
The lone wolf that I am

I did my whole life
What I wanted to do

Some things turned out badly, some silly.
However, most turned out
The way that pleased me
And success – of course
Kind of – it happened sometimes
I do not know what my life
Would have been without it
Most likely depressed

Or not – you don't miss what you don't know

Anyway, it was always me
If that may change – say I wouldn't any longer
Be able to live my life that way –
I might have
To depend on other people
Then I would know for sure

I would no longer want to live
The only way to call it my life
Is to live it the way I want to

However,
There is no my life
There is no I and no me either
Only the delusion of a self
That's what I was talking about

My grip on the I-concept of the mind
Is an entity … the body I watch
But when I haven't done all that I
     wanted to
Then, who was it?
And what is it I am doing right now?

I don't know

Like imagining the beginning
The unimaginable energy of movement
Call it, whatever you like
Namely the force that was necessary.

Life was always in my mind
The will to live – to move
Means that the I-concept demands action
It made me a person to be recognized for
My deeds, my education, my love,
My aversions, my temper – you name it

But I was determined to follow the will
And I did so
And I will be doing so, whether I want it or not.

MOVEMENT

Movement is life
Life is movement

When you were born
As a runner
Then you have to run

If as a walker
You have to walk

Born as a sitter
You must sit
No movement

Shit

TIME

Time doesn't care
But it isn't easy to come by
Since we're so used to it

Time doesn't care
What we do
Or where we live
Whom we love
Or fight off

It doesn't even care
If we are alive

Why the heck
Are we then
So occupied with it?

FIRST NATION

The first people
spontaneous beings
created by divine breath
made up of flesh and blood and a spirit
instead of rock, or fire, or water, or wind
the first nation, the Anishinabek
*

All flora and fauna surrounding them
as much a part of nature as they are
watched by eagles
not just birds
but the celestial messengers
between the Creator and the Anishinabek

Prophecies pointed to European invaders
they came, the eagles left, the first nation
    was destroyed
but the last and seventh prophecy says
it will rise again:
when the bald eagles return
so also, the Anishinabek

* Anishinabek are a group of culturally related Indigenous
peoples present in the Great Lakes region of Canada and
the United States.

WHAT IF

People are pretty strange people.
Not everybody; nonetheless,
I could point out many things about most
But above all, they like to annoy

Yet it affects them in both cases
At first, it mightn't be enough to annoy
    others
Secondly, they don't see the effect on
    themselves
Don't even realize it either

Why do they do it at all?
It cannot be just out of ego
Since some do it anonymously

Anna, who is looking over my shoulder
at the question on the paper,
Eerily for me as always,
says:
It's escapism

I wonder at first how she
Knows the word at all.

And secondly, what if
She is right?

IT'S ART

Aristotle Buddha Muhammad Jesus
    Lao Tse et al
the great masters of the world were
    creators
they did not tell the truth
they didn't even intend to either.
The truth, one can't explain with
    words.

Hence their speeches were
stories and poetry
which were full of metaphors.
Although they have penetrated our
    minds
the masters spoke to our spirit.

People that are under the impression
they have heard the truth about
    reality
are unintentionally misled by the
    texts
since they aren't anything but art,
which isn't always realistic.

PLANET EARTH

In the universe, there
wobbled around an orb
of radiated heat
a planet

Picture it with water, earth and fire.

A blue marble with oceans and continents
with a range of thousands of miles
full of life and fate

Picture it as a lively maze

All you have to do is go through it
because at the end of this whirlwind
is an award

If you can see the planet
Its water and earth and fire
… That's very good

However,
… the planet doesn't exist

You've created it in your mind.

There is no water, no earth, no fire
but the idea of it dominates
your every living moment.
At the end, you will be aware
It was only a segment of the imagination

Anyway,
You had no chance to escape
Since the planet is a labyrinth

SLAVES

We were all born into slavery.
No longer
In the sense
It's mostly understood

However, figure this:
Isn't all that you do
Pressured by third parties?

Education is to prepare you.
Then you work and act
For others

Although they say
You do it for money

But what if
you don't need money?

WHAT SHALL HAPPEN TO ME?

Everything that is –
Is without me

Everything that happens –
Comes without me

Everything observed –
Is watched without me

Because there is no me

LIMBO

he awoke
had to pee
the bed collapsed

later that night
it happened again
the bed collapsed

dream and reality seem alike
scary without
the collapsing

He awakes again
in reality or not
the bed collapses

THEY

ride, ride, ride
to the sun, sun, sun

run, run, run
from the sun, sun, sun

way too hot!

didn't he know it in the first place?
  he did!

did it anyway?
  he did!

why?
  since they told him

they?
  yes, they

SAYING GRACE

My weapon of choice
Is my grace
Do I have a definition
Of grace
Other than thinking
Is it my hairdo?

Everybody is sitting around the table
Drinking wine from crystal glasses
Lighting more candles than necessary
Pestering each other with talk
Laying their ears on the tracks,
Yet hearing nothing

Yes, I know, I reply to myself:
My grace comes from inside
And my power
And everything

However,
I am alone
Who cares?

DISCRIMINATION

Discrimination is not pretty.
But if everybody does it
from time to time at least
there could be a market
for creating a database
to trade with it

We have it with trading emissions.
Which aren't nicer either
I could – let's say – an old N-word
that's been lying around for years
and I do no longer want to use it
put on this database

If there is someone
who really needs to discriminate
he or she might be in dire need
of having my old N-word.
It could then be taken out of my account
and transferred to his or hers

The benefits would be obvious.
I'd get rid of my discriminating word
would no longer have to chasten myself.
The new owner doesn't need to do this either
It isn't his or hers – it's mine
But nobody knows

MIDDLEMAN

Imagine

Two cyclists
Riding from north and south
Toward each other on a path

The northerner is a middleman by birth
He will not give way at all
In his world the other has to

But he is also a middleman
… Boom!

Imagine

WHAT I WANT

I want
to be beautiful
similar to the sun
to shine every day

I want
to be like the sound
that rises like a whisper
between you and me

I want a higher power
to saves us
for infinity

FOR WHOM THE BELL TOLLS

All I see is nothing
So what?

I don't really know
What I am looking for.

Some day
I might

Anyway, in the spring
I never wait for the autumn

In the summer
Never look for the winter

It might never come
I could have heard the bell tolling

LOCKDOWN SURVIVING POEM

To Lutz

I was walking
Around the house
And was thinking
Thinking about –
What?

I do not know

In the process
When you think,
You would not think
What you think

Later, when you think
The thing is
You think
What you thought

It's just like this:

Thoughts don't come
And introduce themselves
You have to figure it out
Figure out –
What?

FEAR IS NOT EXPECTED

People who are leaving their countries
Either looking to get a better life
Or escaping violence and war
Are not coming as immigrants

They come as refugees
Or as workers to earn money
Least of all for themselves
Mainly for their families back home

They mostly did not choose this
Did not think about the consequences of
Accessing another land and culture
To evade the suffering at home

The impulse to strive for the best
For oneself and especially for children
Is evident in every life
Not only in human beings

Equally present in people's life is fear
Fear of leaving
Fear of a new and unknown situation
Fear of some strange environment

Only if this fear
Is less than the anxiety
Related to the current situation
Are human beings ready to move

Everyone leaving home
Escaping their mother country
Either hopes to find a better life
Or, in despair, wants to escape
    violence

They meet societies
struck by fear as well
People imagining losing their lives and
    traditions
Which they long to preserve

Refugees are not intent on destroying
    nations or societies
What they do not expect is fear
What they expect is compassion
What they expect is to be allowed in

FATHER (1)

My father my father
You left for eternity

But you shouldn't have done
As you shouldn't have done either
What you did for the sake of your son

When I left in adolescence
I tried to find myself.

However, what I found
When looking at me
Was you – always you

FATHER (2)

It is the truth.
The death of a father
is the most crucial incident
in the life of a man

It is also the truth
you do not know
until it occurs

The mourning that is now going
to embrace you and hold you
instead of your father
will stay for a lifetime

Lucky you.
Having had someone you loved

Because that feeling
will not die

REFUGEES

An enormous number of people,
who were starving or at the edge of society
were drawn to another world

With big hopes for happiness and bliss
going for the promised land of money and
    fortune,
no matter how to get at it

The masses were hard to control.

There were hundreds of thousands
from villages and towns
from all over Europe once
on their way to the New World

I am not twenty
I don't have a beautiful body

However,
I am on vacation

Musings about Everything is true
by Uwe Friesel

Upon reading the poems of my poetry pal and colleague Gino Leineweber, I must admit I don't really know him. Or – more precisely – I found it rather difficult to enter the poetic world, which unfolds in the volume Everything Is True.

My hesitation has to do with Buddhism and the notion of future life. Being absolutely against any form of religion (Leineweber maintains Buddhism is a philosophy) I neither tend to Christian Eternity nor to Nirvana of Buddhism, Sufism or other -ism. That includes Capitalism and Communism, which are nowadays dealt with like religions by their ardent followers. I prefer humanism.

Therefore, I was stunned to realize the keyword in the whole book is compassion especially to be found in the two poems Refugees and Fear is not expected. The poem Refugees, of course, evokes TV pictures of people trying to escape the darkness and no-future of Africa, Afghanistan, Iran and, alas, Ukraine. But when the text has nearly reached its end, Gino reminds us of the Europeans, who once fled from their misery in Europe to the New World. A New World, mind you: To be created by fugitives and refugees, who had crossed the ocean because of utter hopelessness in the Old World.

And then, after that startling reminder, another actual and moving poem follows, entitled Fear is not expected. It is true: They appear at our shores naked and poor, those refugees, just like those who once had arrived at the shores of America. But now, it is not money they expect most, says Gino. What they expect is compassion instead of rejection.

Compassion – for what? Christians might say: for God's whole creation. Buddhist Gino says: for all beings on earth. In short: compassion for life.

He wonders: To what end? Who am I myself? What is love? Do we know whom we love? Aren't we just an illusion of ourselves, like the shadow on the wall of Platon's cave? Questions that may fill up a whole life of meditation, I'm sure.

Or take the eternal riddle, "Can men understand women?" At first sight, it seems to be the superficial rhetoric of gender prepotency. But why does one single look into a woman's eye make a man (a poet) shiver lifelong, whereas she eats grapes in all innocence, with him watching her breathlessly all the while?

In the end, it seems that life has neither entrance nor exit. Time leaks out. The blue planet earth is a mere invention of our brain because all is imagined, except for serenity – the absolute calm. Nirvana.

Being an agnostic myself, I try to imagine Nirvana. But I can't. I have no clue, not even a metaphor for the great void. But then, reading Gino Leineweber, at least I get a hint of what he is after.